sur

PENSIONS DE RETRAITE
& LES SOLDES

DES MILITAIRES NON OFFICIERS

de la Gendarmerie et de la Garde Républicaine

" LE PROGRÈS DE LA GENDARMERIE "

13, rue Fourcade, PARIS (XV°)

Juin 1925

ÉTUDE

sur les

PENSIONS DE RETRAITE
& LES SOLDES

DES MILITAIRES NON OFFICIERS

de la Gendarmerie et de la Garde Républicaine

" LE PROGRÈS DE LA GENDARMERIE "

13, rue Fourcade, PARIS (XV°)

Juin 1925

PENSIONS ET SOLDES
DE LA GENDARMERIE

REQUÊTE

à M. le Président du Conseil, Ministre de la Guerre,

à MM. les Ministres et Sous-Secrétaires d'Etat,

à MM. les Sénateurs,

à MM. les Députés.

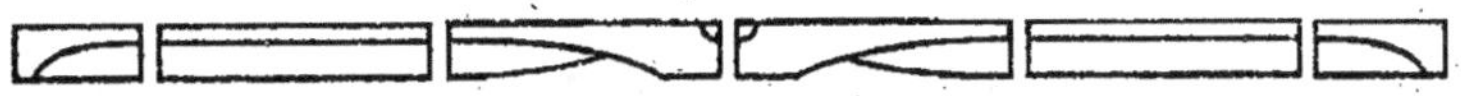

Un malaise réel et général, un mécontentement profond, pourrait-on dire, s'est étendu peu à peu à tous
les retraités et futurs retraités de la Gendarmerie.

Ce malaise et ce mécontentement ont été provoqués
par le funeste article 41 de l'instruction adressée, le
12 octobre 1924, par le Ministre des Finances pour
l'application de l'article 41 de la loi du 14 avril 1924
sur les pensions, ledit article 41 de la loi visant uniquement les « majorations de pensions spéciales à
la Gendarmerie ».

D'autre part, une émotion grandissante s'est manifestée, parmi tous les chefs de brigade et gendarmes, à
la suite de la publication officielle faite, en décembre
dernier, du taux des nouvelles soldes devant être attribuées, *à dater du 1ᵉʳ janvier 1925*, à tous les militaires
de la Gendarmerie.

Ces soldes et indemnités futures étaient, d'après les
chiffres donnés, *notablement inférieures* aux taux des
traitements devant être alloués aux fonctionnaires
civils de même rang social que les militaires de la
Gendarmerie et dont le service a le plus d'analogies
avec les fonctions de ces derniers ; en l'espèce, les
inspecteurs et brigadiers de la police d'Etat, les gar-

diens de la paix et gradés de la police municipale de Paris.

Le Progrès de la Gendarmerie, qui est un organe purement corporatif, fondé, dirigé et rédigé par d'anciens militaires de l'arme et ayant pour buts uniques le respect de la discipline d'abord, la défense des intérêts moraux et matériels de l'arme ensuite, avait, étant donné ce qui précède, *le devoir impérieux* de signaler au Gouvernement et au Parlement le malaise, l'émotion et le mécontentement grandissants dont il vient d'être question.

C'est pour remplir ce devoir que *le Progrès de la Gendarmerie* a édité le présent opuscule, adressé individuellement à MM. les Ministres, à tous les Sénateurs et à tous les Députés.

Notre journal espère que sa modeste publication sera lue et étudiée AVEC LA PLUS RIGOUREUSE ATTENTION et, qu'après cette étude, tous les parlementaires tiendront à honneur d'accorder pleine et entière satisfaction *tout d'abord,* pour leurs pensions, aux retraités de la Gendarmerie, vétérans qui ont consacré de longues années au service de l'Etat, de l'ordre et du bien publics et *ensuite,* en ce qui concerne la toute prochaine revision de leurs soldes, aux soldats d'élite, aussi vaillants que disciplinés, qui composent actuellement la Gendarmerie nationale de France et des Colonies et la Garde républicaine.

Majorations de pensions spéciales à la Gendarmerie.

Il y a près d'un demi-siècle, l'article 10 de la loi du 18 août 1879 a établi, en faveur des militaires de la Gendarmerie, une majoration spéciale de pension. Celle-ci était créée en raison des fatigues particulières, des exigences spéciales et des dangers du service de la

Gendarmerie ; elle avait aussi pour but de retenir en activité jusqu'à vingt-cinq ans effectifs de services les militaires entrés dans l'arme.

Cette majoration de pension avait deux résultats appréciables pour l'Etat et un avantage pour le militaire de la Gendarmerie : celui-ci obtenait, à vingt-cinq ans de services effectifs, une retraite *plus forte* que s'il avait servi le même laps de temps dans toute autre arme, et l'Etat, lui, avait tout d'abord l'avantage de conserver à son service, *pendant au moins dix ans de plus,* des serviteurs confirmés, ayant donné la mesure de leurs capacités, ayant acquis tact et expérience et, par cela même, étant devenus aptes à rendre d'excellents services.

L'Etat réalisait en outre, en conservant ces serviteurs éprouvés *dix ans, quinze ans* ou *vingt ans de plus,* de très sérieuses économies, puisque si — dans le but d'obtenir la majoration — ces militaires, n'étaient pas restés en activité, il aurait fallu payer *à la fois* une pension proportionnelle et la solde du remplaçant du retraité.

Quatre lois successives ont confirmé le principe des majorations et augmenté le taux de celles-ci.

Le taux des majorations établies par la loi du 18 août 1879 était le suivant : 18 francs pour les sous-officiers par année de service passée dans la Gendarmerie entre quinze ans et vingt-cinq ans effectifs ; 15 francs pour les brigadiers et 8 francs pour les gendarmes. Le droit à ces majorations n'était acquis, *comme à l'heure actuelle,* qu'après vingt-cinq ans effectifs de service.

Une deuxième loi du 23 juillet 1881 a augmenté ces

majorations, les portant à 18 francs pour tous les gradés et à 15 francs pour les gendarmes.

Une troisième loi portait, le 13 juillet 1911, le taux de la majoration annuelle à 32 fr. 50 pour tous les gradés et à 25 francs pour les gendarmes. En outre, cette loi permettait d'allouer les majorations *jusqu'à trente ans effectifs de service* ; c'est-à-dire pendant cinq ans *de plus* que ne le faisaient les lois antérieures. Ce fait démontre d'une façon évidente que l'Etat *cherchait à retenir ses vieux et fidèles serviteurs le plus longtemps possible* en activité.

Enfin, *quatrième* loi du 14 avril 1924, laquelle, en son article 41, s'exprime ainsi : « Les pensions des militaires non officiers de la gendarmerie sont AUGMENTÉES, pour chaque année d'activité passée dans la Gendarmerie au delà de quinze ans de services militaires effectifs de

55 francs pour le chef de brigade hors classe ou de 1re classe
50 — — — de 2e classe
45 — — — de 3e classe
40 — — — de 4e classe
35 — pour le gendarme.

« Le droit à ces annuités, basé sur le grade dont le militaire est titulaire à l'époque de sa mise à la retraite, est acquis après vingt-cinq ans de services militaires effectifs. Le maximum de l'augmentation est atteint à trente ans de services effectifs. »

Ce texte est d'une clarté si lumineuse, que l'on demeure stupéfait de voir que les bureaux du Ministère des Finances sont arrivés à lui faire dire *le contraire de ce qu'il affirmait.*

Ce texte, clair comme le jour — nous le maintenons envers et contre tous — confirmait d'autant mieux l'intention du législateur de maintenir *intégralement* la totalité des majorations spéciales à la Gendarmerie que, *pour la quatrième fois,* il augmentait le taux annuel de ces majorations de pensions, lesquelles, depuis quarante-six ans, donnaient satisfaction aux deux parties : Etat et militaires de la Gendarmerie.

C'est donc avec une stupéfaction profonde que tous les retraités et futurs retraités de la Gendarmerie ont lu, dans l'article 41 de l'*Instruction* du Ministre des Finances, en date du 12 octobre 1924, que la pension des militaires de la Gendarmerie « ne pouvait déborder le maximum de pension alloué pour quarante annuités du fait de l'attribution des majorations spéciales ».

Malgré les nombreuses interventions parlementaires, le Ministre des Finances a maintenu un point de vue illégal lésant très gravement les intérêts des retraités de la Gendarmerie.

Tout d'abord, les retraités de la gendarmerie et les militaires de l'arme ont cru à une erreur *involontaire* des bureaux du Ministre des Finances.

Plusieurs députés sont intervenus en faveur de la Gendarmerie et ont posé, à ce sujet, des questions aux Ministres des Finances, de la Guerre et des Pensions. MM. les députés Girod, Marchais, Ybarnégaray, Fié, Goirand, Richard, etc., etc., ont fait des efforts particuliers pour que le Ministre des Finances *répare son erreur* et donne aux retraités de la Gendarmerie ce que le Parlement leur avait précédemment accordé et avait très certainement voulu leur accorder par l'article 41 de la loi du 14 avril 1924 : c'est-à-dire, le cas échéant, l'intégralité des majorations, EN PLUS de la pension acquise pour quarante annuités.

Mais toutes ces démarches bienveillantes, — pour lesquelles leurs auteurs voudront bien trouver ici et à nouveau l'expression de notre reconnaissance, —

toutes ces démarches, disons-nous, se sont heurtées à une volonté bien arrêtée *de ne pas nous donner satisfaction.*

La stupéfaction primitive a alors fait place *à un mécontentement général,* lequel s'est traduit dans une multitude de lettres reçues par *le Progrès de la Gendarmerie* et très certainement aussi dans les nombreuses lettres reçues par tous les parlementaires.

De ce mécontentement, nous avons donné un très fidèle écho dans les nombreux articles publiés sur ce sujet dans nos colonnes *depuis plus de huit mois.*

Intervention au Sénat de M. le sénateur Lebert.

M. le sénateur Lebert, lequel a, de tout temps, été un des dévoués défenseurs de la Gendarmerie au Sénat, est intervenu à la tribune de la Haute Assemblée, le 4 avril 1925, dans les termes suivants : « ... Je ne veux pas dire que la gendarmerie soit sacrifiée : ce ne serait pas exact ; mais je puis affirmer qu'elle n'a en aucune façon démérité et qu'au contraire elle doit. *espérer, de la part des pouvoirs publics* et tout particulièrement de la vôtre, une attention plus soutenue, plus réconfortante.

« Nous savons que les gendarmes sont, au premier chef, les serviteurs de la discipline. Ils donnent un exemple que nul ne doit regarder d'un œil indifférent, surtout à une heure où certains autres gardiens de l'ordre public se sont laissés aller à quelques écarts assez regrettables ; n'est-il pas tout à fait naturel que nous ayons un regard de particulière bienveillance pour l'arme de la Gendarmerie ». (*Très bien ! très bien !*) (*Journal Officiel* du 5 avril 1925.)

Après cet éloge de la Gendarmerie, auxquels se sont associés, en termes élevés, M. le Ministre de la Guerre et M. Paul Doumer, rapporteur du budget de la Gendarmerie, M. Lebert a ainsi continué :

« J'avais, messieurs, deux autres considérations également brèves à vous soumettre. Elles ont trait aux satisfactions d'ordre plus matériel que je vous demande de bien vouloir accorder à l'arme de la Gendarmerie. *La première de toutes, c'est de calmer ses inquiétudes au sujet de la retraite à laquelle légitimement le gendarme qui a servi pendant plus de quinze ans a droit.*

« Je rappelle que, avant la loi du 14 avril 1914, les militaires de la gendarmerie réunissant vingt-cinq années de service, dont dix ans dans l'arme de la Gendarmerie, pouvaient bénéficier, en sus de leur retraite proprement dite et sans aucune considération relative au taux de celle-ci, de majorations spéciales variables avec le grade des intéressés. Le maximum de ces majorations était acquis aux hommes de troupe réunissant trente années de services effectifs.

« *L'article 41 de la loi du 14 avril 1924 a reproduit mot pour mot ces dispositions. Les intéressés ont pu, à juste titre, supposer à l'époque qu'aucune modification ne serait apportée au régime des majorations.* Or, en pratique, c'est la thèse contraire qui a prévalu ; le comité interministériel, chargé d'élaborer le projet de règlement d'administration publique pour l'application de la loi susvisée, a décidé que les pensions maxima, telles qu'elles sont prévues aux articles 2 et 34 (9/10es de la solde), ne sauraient être dépassées au titre des majorations, car, dans cette éventualité, la pension globale (pension proprement dite et majorations) pourrait, dans certains cas, dépasser le montant de la solde servant de base pour l'évaluation de la retraite.

« *Cette argumentation est tout à fait contestable, car il convient de remarquer que la solde de base servant au calcul de la retraite a été déterminée arbitrairement sans tenir compte notamment de deux facteurs très importants, savoir : l'indemnité de fonctions et la majoration de 100 % de l'indemnité pour charges militaires accordée aux mariés.*

« Quoi qu'il en soit, comme conséquences de la décision qui a été sanctionnée par l article 41 de l'instruction du 12 octobre 1924, *les différences entre les retraites qui auraient été acquises sous le régime antérieur dans les conditions les plus favorables et les maxima réglementaires, tels qu'ils sont actuellement définis, atteignent respectivement 825 francs pour les chefs de brigade du grade le plus élevé et 525 francs pour les simples gendarmes.*

« Il s'ensuit que de nombreux gradés et gendarmes, qui réunissent un certain nombre d'annuités supplémentaires, soit du fait de la campagne 1914-1918, soit en raison de séjours prolongés aux colonies, en Afrique du Nord, ou aux théâtres d'opérations extérieurs, *n'ont plus aucun intérêt à rester au service, au point de vue de la retraite, bien avant d'avoir atteint la limite d'âge de cinquante-cinq ans. Aussi s'explique-t-on aisément qu'ils n'hésitent pas à quitter le service dès qu'ils en trouvent l'occasion.*

« Ces départs prématurés ont les plus fâcheuses répercussions: ils aggravent d'une manière sensible la crise de recrutement dont souffre la gendarmerie; ils privent cette arme, qui forme ses gradés avec tant de difficulté, de serviteurs confirmés et éprouvés; enfin, ils *sont de nature à augmenter encore les charges du Trésor qui, tout en entretenant le même nombre de militaires en activité, doit, en outre, payer un nombre sensiblement accru de retraités.*

« Ces diverses considérations montrent d'une manière bien nette qu'il *est indispensable de revenir au plus tôt au régime autorisant le personnel de la gendarmerie à cumuler intégralement les majorations spéciales à l'arme avec le maximum de la retraite proprement dite.*

« J'entends bien que nous ne pouvons pas modifier la loi des pensions et la loi de finances, que les rajustements de solde et de traitements sont en gestation, mais si le M. Ministre de la Guerre pouvait nous faire connaître maintenant ses projets, il est à croire que le nombre des démissions viendrait à diminuer, que la source en serait pour partie tarie et que l'arme de la gendarmerie conserverait des hommes qui trouvent aisément, en ce moment, à s'employer ailleurs à des conditions infiniment plus rémunératrices.

« *Si vous voulez donner à la gendarmerie les satisfactions matérielles auxquelles elle a droit, c'est là une des premières auxquelles il importe de songer.* » (Très bien ! très bien !)

Malgré son très lucide et très éloquent plaidoyer en faveur des retraités de la Gendarmerie, M. le sénateur Lebert n'a pu obtenir que la décevante réponse suivante de M. le général Nollet, ministre de la Guerre :

« La première question soulevée par l'honorable M. Lebert est compliquée et difficile. *La loi des pensions ayant été votée très récemment, l'heure peut sembler prématurée de la modifier déjà.*

« La commission interministérielle, en procédant à l'étude du règlement d'administration publique pour l'application de la loi, a examiné tous les facteurs de la question. Elle se trouve arrêtée par une considération mise en avant par l'honorable M. André Lebert. *Il est difficile d'admettre qu'un gendarme en retraite puisse avoir une pension supérieure à sa solde d'activité. Que doit-on faire ? C'est un point à examiner. Mais il est manifeste qu'étant donné le maximum de retraite autorisé par la commission interministérielle, une amélioration sensible peut dificilement être envisagée.* »

Tous les retraités de la Gendarmerie ont été, comme tous leurs camarades en activité, douloureusement surpris de voir que le Ministre de la Guerre, *leur défenseur désigné*, était aussi mal documenté par ses bureaux en ce qui concernait les intérêts primordiaux de ses dévoués subordonnés et, plus étonnés encore de voir « *leur Ministre* » se retrancher derrière l'avis d'une vague commission interministérielle au sein de laquelle — *comme dans bien d'autres commissions* — les intérêts de la Gendarmerie *n'ont nullement été défendus.*

S'il en est besoin, l'heure n'est nullement prématurée pour modifier la loi du 14 avril 1924 sur les Pensions.

En effet si, contrairement à ce que nous avons toujours pensé et à ce que nous pensons encore, les majorations spéciales à la Gendarmerie ne peuvent faire déborder le maximum de pension alloué pour quarante annuités *qu'en modifiant* la loi du 14 avril 1924, *il est indispensable de modifier celle-ci dès maintenant.*

Cette loi a du reste été déjà modifiée en son article 68 par la loi promulguée au *Journal Officiel* du 11 mars 1925 et dont l'article 42 est ainsi conçu : « Le paragraphe 2 de l'article 68 *de la loi du 14 avril 1924,* portant réforme du régime des pensions civiles et militaires, est remplacé par la disposition suivante :

« Les veuves pourvues d'un emploi public, en raison des services rendus par leurs maris, devront opter entre le maintien de l'emploi et l'allocation annuelle prévue par le présent article. »

L'ancien deuxième alinéa de l'article 68 interdisait aux veuves pourvues d'un modeste bureau de tabac de percevoir les allocation annuelles, de telle sorte qu'il leur retirait d'une main ce qu'il leur avait accordé de l'autre.

En modifiant *dans un sens libéral* l'article 68 de la loi du 14 avril 1924, le Parlement a rempli un acte de justice, de même qu'il en remplirait un autre en insérant dans l'article 41 de la loi un additif précisant que : « les majorations instituées par ledit article *s'ajoutent, le cas échéant, au maximum de pension* alloué pour quarante annuités ».

Ce texte étant voté, on ne verrait plus une « *instruction* » du Ministre des Finances retirer aux retraités de la Gendarmerie les droits aux majorations spéciales ; droits *confirmés et augmentés par les quatre lois successives* dont nous avons parlé au précédent paragraphe.

Les pensions des non-officiers de la Gendarmerie ne seraient pas, même en y ajoutant l'intégralité des majorations, supérieures à la solde.

Ainsi que l'a fort judicieusement fait remarquer M. le sénateur Lebert à la tribune du Sénat, même en accordant — ainsi que l'ont prescrit les quatre lois successives de 1879, 1881, 1911 et 1924 — l'intégralité des majorations EN SUS du maximum acquis pour quarante annuités, les pensions des retraités de la gendarmerie ne seraient pas supérieures à la solde d'activité. En effet, la solde base de retraite a été déterminée *arbitrairement* (ce mot, *que nous faisons nôtre,* est de M. le sénateur Lebert) sans tenir compte de l'indemnité de fonctions de 1.080 francs par an, laquelle est bel et bien une fraction intégrante de la solde du gendarme; sans tenir compte du dédoublement de l'indemnité pour charges militaires, alors que plus de 90 % des militaires de la Gendarmerie sont mariés; sans davantage tenir compte de la valeur du logement en nature, alors qu'il tombe sous le sens que, *de tout temps,* on a fait état de ce que le gendarme était logé en nature pour lui allouer une solde *inférieure* à ce qu'elle aurait été réellement *s'il n'avait pas été logé à titre gratuit.* Le logement (ou la valeur forfaitaire de celui-ci) fait donc bien également partie intégrante de la solde du gendarme.

Avant la loi du 14 avril 1924, les pensions maxima de la Gendarmerie *dépassaient* la solde d'activité.

D'autre part, avant la loi du 14 avril 1924, les pensions maxima de la Gendarmerie dépassaient la solde annuelle.

A titre d'exemple, un gendarme à la solde journalière de 3 fr. 21 ou 1.155 fr. 60 par an obtenait une pension maximum de 1.200 francs, se décomposant ainsi :

a) 25 premières annuités à 27 francs l'une .... 675 »
b) 20 annuités supplémentaires à 7 fr. 50 .. . . 150 »
c) 15 majorations spéciales à la gendarmerie à 25 francs . 375 »

Total de la pension .... 1.200 »

Il est à remarquer que, si cette pension maxima de 1.200 francs *obtenue en 1914* était majorée en proportion de l'indice officiel du coût de la vie (428 actuellement), *elle devrait être de 1.200 × 4,28 = 5.136 francs.*

Or, la pension maximum « autorisée par la commission interministérielle » — pour nous servir des termes employés au Sénat par M. le général Nollet, ministre de la Guerre — n'est pour le gendarme que de 3.904 francs; en ajoutant à ces 3.904 francs les majorations spéciales, refusées par le Ministre des Finances et que réclament les retraités de la Gendarmerie, la pension maximum ne serait encore que de 3904+525= 4429 francs. C'est dire que cette pension serait encore bien inférieure à la valeur d'une pension de 1.200 francs en 1914.

Un calcul analogue à celui que nous venons de faire pour le gendarme démontrerait qu'avant la loi du 14 avril 1924 un maréchal des logis (actuellement C. B. 3e cl.), à la solde journalière de 4 fr. 14 ou 1.490 fr. 40 par an, obtenait une pension maximum de 1.587 fr. 50; que le maréchal des logis chef (actuellement C. B. de 2e cl.), à la solde journalière de 4 fr. 56 ou 1.641 fr. 60 par an, obtenait une pension maximum de 1687 fr. 50.

Donc, en donnant *actuellement* une pension maximum *supérieure* à la solde base de retraite, on ne ferait que se conformer aux règles antérieures et constantes.

> **Les pensions actuelles des retraités de la Gendarmerie sont de beaucoup inférieures à celles des agents civils de la police d'Etat ou des gardiens de la paix de Paris.**

Comparant les services rendus par la Gendarmerie à ceux rendus « *par certains autres gardiens de l'ordre public* », M. le sénateur Lebert s'est exprimé ainsi que nous l'avons dit précédemment.

Les paroles de l'honorable sénateur ayant été accueillies par des « Très bien! Très bien! », *le Progrès de la Gendarmerie* fait appel à la *particulière bienveillance* du Sénat et de la Chambre des Députés pour que le Gouvernement fasse enfin cesser l'état d'infériorité manifeste des pensions de la Gendarmerie en regard de celles des autres « *gardiens civils de l'ordre public* ».

Les quelques comparaisons ci-dessous feront nettement ressortir l'insuffisance des retraites de la Gendarmerie.

a) Le gendarme, dont la solde base de retraite est de 4.338 francs, obtient à vingt-cinq ans effectifs une pension (majoration comprise) de 2.593 francs; à quarante annuités, il obtient 3.904 francs (il obtiendrait 4.429 francs si le Ministre des Finances ne lui avait, dans ce cas, supprimé les quinze majorations spéciales).

Le gardien de la paix de Paris, aux appointements base de retraite de 6.800 francs, obtient à vingt-cinq ans une pension de 4.000 francs, qui s'élève à 6.040 francs à quarante annuités (6.040 fr.)

b) Le chef de brigade de 4ᵉ classe à la solde base de retraite de 4.662 francs, obtient à vingt-cinq ans, effectifs et majoration comprise, une pension de 3.197 francs; à quarante annuités, il arrive à 4.195 francs, alors qu'il devrait avoir 4.795 francs *si on ne lui supprimait pas ses quinze majorations spéciales.*

c) Le chef de brigade de 3ᵉ classe ayant une solde base de retraite de 4.842 francs, obtient 3.355 francs de retraite à vingt-cinq ans effectifs (majoration comprise); à quarante annuités, il arrive à une pension de 4.358 francs, qui devrait être de 5.033 francs *si ses quinze majorations lui étaient versées.*

b et *c)* En regard des C. B. de 4ᵉ et de 3ᵉ classe, le brigadier des gardiens de la paix de Paris ayant des appointements base de retraite de 7.900 francs obtient à vingt-cinq ans une pension de 4.000 francs, qui s'élève à 6.370 francs à quarante annuités.

d) Le chef de brigade de 2ᵉ classe (ex-maréchal des logis chef) a actuellement une solde base de retraite

de 5.130 francs, laquelle lui donne droit, à vingt-cinq
ans effectifs, à une pension de 3.578 francs (y compris
les dix majorations spéciales); à quarante annuités, la
pension admise par le Ministre des Finances serait de
4.617 francs; elle devrait être de 5.367 francs *si les
quinze majorations spéciales étaient allouées* selon les
promesses faites.

e) Le chef de brigade de 1ʳᵉ classe (ex-adjudant), dont
la solde base de retraite est à l'heure actuelle de 5.724
francs, recevra, à vingt-cinq ans effectifs, une pension
de 3.988 francs (y compris les dix majorations spéciales); à quarante annuités, sa pension sera de 5.151
francs, alors qu'elle devrait être de 5.976 francs si les
quinze majorations spéciales à la Gendarmerie lui
étaient allouées.

d et *e)* Si, en regard de la pension des chefs de brigade de gendarmerie de 2ᵉ et de 1ʳᵉ classe, nous met-
tons la pension actuellement allouée à un brigadier-
chef des gardiens de la paix, dont les appointements
base de retraite sont de 9.100 francs (non compris les
diverses indemnités), nous voyons que ce gradé civil
de la police aura à vingt-cinq ans une pension de
4.550 francs s'élevant à 7.280 pour quarante annuités.

f) Le chef de brigade hors classe de gendarmerie (ou
adjudant-chef) perçoit une solde de base de retraite de
5.932 francs, lui donnant droit à vingt-cinq ans effectifs
à une pension de 4.109 francs (y compris les dix majorations spéciales) pour quarante annuités, cette pension s'éleverait à 5.339 francs, alors qu'elle devrait être
de 6.164 francs si les quinze majorations spéciales
étaient décomptées.

En regard de cette pension super-maximum à laquelle puissent accéder les chefs de brigade de gendarmerie, plaçons la pension à laquelle peuvent prétendre
les inspecteurs principaux de police : nous voyons que
ces derniers, percevant actuellement des appointements

base de retraite de 10.300 francs, obtiennnent à vingt-cinq annuités une pension de 5.150 pouvant, à quarante annuités, s'élever à 8.240 francs (application de l'article 80 de la loi du 14 avril 1924).

Après la lecture des exemples qui précèdent, l'infériorité ou l'insuffisance des retraites de la Gendarmerie ressort d'une façon évidente.

La situation financière de la France est une chose ; le respect de la loi et des promesses faites en est une autre.

Certains parlementaires, auxquels *le Progrès* et divers retraités de la Gendarmerie avaient verbalement exposé leurs doléances, nous ont opposé, tout en reconnaissant volontiers, du reste, le bien fondé de nos réclamations, la précaire situation financière de la France.

A cela, nous répondons : la situation financière de la France est ce qu'elle est, mais les retraités de la Gendarmerie n'en sont en aucune façon responsables.

Par contre, les retraités de la Gendarmerie savent que des promesses formelles leur ont été faites lorsqu'ils sont entrés dans l'arme ; ils savent que les lois antérieures leur accordaient une majoration de pension ; ils savent que la loi du 14 avril 1924 en son article 41 leur accordait à nouveau ces majorations, *en augmentant le taux de celles-ci.*

Quelles que soient les subtilités auxquelles aient fait appel les bureaux du Ministre des Finances et la Commission interministérielle pour leur retirer d'une main ce qu'on leur donnait de l'autre, les retraités de la Gendarmerie, pas plus que les militaires en activité, ne comprendront et n'admettront jamais que les promesses faites ne soient plus tenues à dater du 14 avril 1924.

Le Progrès de la Gendarmerie est persuadé que le Parlement ne le comprendra ni ne l'admettra davantage.

Du reste, nous avons démontré, ainsi que l'a fait M. le sénateur Lebért, que l'Etat aurait intérêt à conserver les anciens serviteurs de la Gendarmerie au lieu de payer *à la fois soldes et retraites*.

L'indemnité de fonctions doit être incorporée dans la solde.

Mais la concession intégrale des majorations spéciales à la Gendarmerie ne sera que la première et la plus urgente des satisfactions à donner aux retraités de la Gendarmerie.

Nous avons démontré plus haut que, même en y ajoutant l'intégralité des majorations, les pensions de la Gendarmerie seraient encore *de beaucoup inférieures* à celles des agents civils de police du même rang. Il est donc indispensable d'incorporer l'indemnité de fonctions dans la solde de base de retraite.

Cette indemnité de fonctions est bel et bien *une partie intégrante* de la solde ; supprimez cette indemnité et le recrutement de la Gendarmerie devient radicalement impossible, ce qui démontre bien que les soldes base de retraite représentent des traitements notoirement insuffisants.

La valeur forfaitaire du logement en nature doit entrer en ligne de compte pour le calcul de la retraite.

Nous avons suffisamment démontré que, même en ajoutant l'indemnité de fonctions à la solde base de retraite, les émoluments des militaires de la Gendarmerie étaient nettement inférieurs aux traitements base de retraite des fonctionnaires civils de la police.

Cette infériorité est, nous dit-on, compensée en partie par la valeur du logement en nature.

La logique et la justice exigent donc que la valeur forfaitaire du logement en nature soit aussi ajoutée à la solde base de retraite pour le calcul de la pension de chaque intéressé.

Conclusion.

Eu égard à tout ce qui vient d'être exposé, *le Progrès de la Gendarmerie* a l'honneur de demander au Gouvernement et au Parlement — et d'une façon aussi instante que respectueuse — de bien vouloir *très rapidement* décider :

1° Que les majorations spéciales à la Gendarmerie seront, *le cas échéant,* intégralement allouées EN SUS de la pension attribuée pour quarante annuités ;

2° Que l'indemnité de fonctions et la valeur forfaitaire du logement en nature seront incorporées à la solde base de retraite.

Seules ces satisfactions modérées et légitimes récompenseront de façon convenable les retraités actuels de la Gendarmerie ; elles auront, en outre, l'avantage d'encourager à rester dans l'arme d'excellents éléments tout prêts à la quitter si se trouvaient protestés les engagements pris à leur égard.

FIN DE LA PREMIÈRE PARTIE.

Revision des soldes de la Gendarmerie

Si les améliorations dont nous venons de parler à la fin de l'étude sur les retraites de la Gendarmerie sont de nature à donner satisfaction aux retraités actuels, il serait vain de penser qu'elles seraient suffisantes pour provoquer, pour la Gendarmerie, un afflux de candidatures permettant d'opérer la sélection nécessaire à un excellent recrutement.

En effet, le coût croissant de l'existence oblige tous les postulants à un emploi ou à une fonction quelconque à bien peser les avantages et les inconvénients du poste qu'ils sollicitent et, surtout, à en considérer les avantages pécuniaires, ainsi que les chances d'amélioration qu'il comporte.

Le temps n'est plus où les candidats embrassaient une carrière un peu à l'aveuglette : tous veulent obtenir le maximum possible d'avantages et, dorénavant, chacun d'entre eux n'acceptera que *faute de mieux* une situation où les avantages seraient moindres et plus fortes les obligations.

Ce qu'a écrit à ce sujet M. le colonel Picot.

Dans un article publié le 17 mars dernier dans *la Petite Gironde*, article reproduit dans *le Progrès de la Gendarmerie* du 10 avril, M. le colonel Picot (député et membre de la Commission de l'armée), s'exprimait ainsi :

« De bons gendarmes, nous en avons eu, nous en avons encore, et d'excellents, en France. Hommes de devoir strict et de profonde dignité, assumant une tâche souvent lourde et parfois dangereuse avec un sentiment de la discipline qui, dans certaines circonstances, s'élève jusqu'à l'abnégation, nos .gendarmes méritent à tous points de vue la confiance et l'estime des honnêtes gens.

« Mais bientôt, si l'on y prend garde, ces serviteurs modèles disparaîtront peu à peu pour être remplacés par des hommes qui n'auront de commun avec les « bons gendarmes » d'hier et d'aujourd'hui que l'uniforme, car on ne retrouvera plus chez eux les solides qualités dont je viens de parler.

« Pourquoi ?..... »

A son « pourquoi », M. le colonel Picot a, dans la suite de son article, répondu de façon aussi claire que judicieuse.

Aux raisons qu'il indique, nous ajouterons les suivantes, lesquelles sont, du reste, du même ordre que celles indiquées par l'honorable député.

Infériorité de la situation matérielle des militaires de la Gendarmerie.

Cette infériorité peut se résumer en quatre points :

1° Les taux des soldes revisées de la Gendarmerie (soldes devant compter du 1ᵉʳ janvier 1925) et dont les taux ont été publiés à la suite de la lettre adressée, le 24 novembre 1924 (1), à la Commission des finances de la Chambre, par M. Clémentel, ministre des Finances,

---

(1) Malgré tous nos efforts, nous n'avons pu, depuis cette date, obtenir l'assurance que les taux publiés soient améliorés; il est indispensable qu'ils le soient.

sont *inférieurs et de beaucoup* aux taux proposés pour les fonctionnaires civils ;

2° Les échelons de solde attribués à la gendarmerie *sont bien moins nombreux* que ceux attribués aux *fonctionnaires civils*, et la valeur de chaque échelon d'augmentation est *bien moins importante* pour la gendarmerie que pour les fonctionnaires civils ;

3° Les soldes attribuées aux gradés de la Gendarmerie ne *marquent pas une amélioration* suffisante (comme cela a lieu pour les fonctionnaires civils) pour engager les meilleurs sujets à concourir pour l'obtention du galon de chef de brigade ;

4° Les traitements de la Gendarmerie sont constitués par une solde proprement dite minime, laquelle solde est améliorée par diverses indemnités *n'entrant pas en compte pour le calcul de la retraite* (indemnité de fonctions, indemnités de charges militaires, indemnité exceptionnelle, indemnité de cherté de vie, etc.). Au contraire, *tous les fonctionnaires* civils ont un traitement proprement dit raisonnable, augmenté *de la seule indemnité de résidence* pour la très grande majorité d'entre eux.

Quelques exemples et comparaisons.

Voici quelques exemples suggestifs de ce qui vient d'être dit aux quatre précédents paragraphes :

	DÉBUT	MAXIMUM	AUGMENTATION TOTALE
Solde proposée :			
Pour le gendarme..............	4 710	5.170	460
Traitement proposé :			
Pour le facteur.....	6.000	7 400	1.400
Garde des eaux et forêts	6 000	7.700	1.700
Préposé des douanes	6 000	7 700	1.700
Garde maritime à terre	6.000	8-600	2.600
Gardien de la paix à Paris	7.100	9 230	2 130

	DÉBUT	MAXIMUM	AUGMENTATION
Solde proposée :			
Chef brigade gendarmerie 4e cl .	5.514	5 955	441
Chef brigade gendarmerie 3e cl..	5 859	6.300	441
Traitement proposé :			
Sous-brigadier des douanes.....	7.700	8 400	700
Premiers surveillants de prisons	7 700	8.400	700
Brigadiers eaux et forêts	7.700	9 200	1.500
.Brigadiers gardiens de la paix..	9.330	10.230	900

	DÉBUT	MAXIMUM	AUGMENTATION
Solde proposée :			
Chef brigade gendarmerie 2e cl..	6.280	6.606	326
Chef brigade gendarmerie 1re cl .	6 548	6.874	326
Traitement proposé :			
Brigadier des douanes	8 400	9.200	800
Surveillant chef gard. de prison.	8.400	9.200	800
Brigadiers gardiens de la paix..	10.500	11.400	900

	DÉBUT	MAXIMUM	
Solde proposée :			
Chef brigade gendarmerie H. C..	7 563	7.563	taux unique

	DÉBUT	MAXIMUM	AUGMENTATION
Traitement proposé :			
Inspecteur principal des gardiens de la paix	11 900	12.900	1.000

Les exemples qui précèdent démontrent de façon péremptoire, et ainsi que nous le disions plus haut, que les soldes proposées pour tous les militaires de la Gendarmerie *sont notablement inférieures* aux traitements proposés pour les fonctionnaires civils.

Il tombe sous le sens que, parmi ces derniers, les agents civils de la police d'Etat ou de la ville de Paris sont ceux dont les fonctions *ont le plus d'analogies* avec celles des militaires de la Gendarmerie.

Tout le monde voudra bien reconnaître que ces derniers *ne le cèdent en rien* aux points de vue vigueur physique, antécédents, valeur morale, conduite, dévouement, etc., aux divers agents civils de police.

Ceci étant admis, comment expliquer l'énorme différence de traitements qui existerait entre ces deux catégories d'agents de l'autorité SI LES TAUX PROPOSÉS POUR LA GENDARMERIE N'ÉTAIENT PAS NOTABLEMENT AMÉLIORÉS ?

Le gendarme, avons-nous dit, débuterait à 4.710 francs, soit 2.390 francs de moins que l'agent civil de police ; en fin de carrière, celui-ci percevrait 4.060 francs de plus que le gendarme.

On nous dira que le gendarme perçoit diverses indemnités en outre de sa solde ; fort bien, mais, alors, que l'on incorpore celles-ci dans la solde proprement dite jusqu'à ce que cette dernière soit *équivalente* aux émoluments des gardiens civils de l'ordre public.

Le gendarme, dans toute sa carrière, franchirait, *comme actuellement du reste*, quatre échelons de solde, d'une moyenne de 110 francs chacun, alors que l'agent civil en gravirait sept, d'une valeur moyenne de 300 francs.

Si nous passons aux gradés, nous voyons que le chef de brigade de 4ᵉ classe obtiendrait en fin de carrière 785 francs de plus que le gendarme de même ancienneté de services que lui, alors que le brigadier de police obtient 1.300 francs de plus que l'agent le plus ancien.

Ce même chef de brigade de 4ᵉ classe aurait au début de son grade 3.816 francs *de moins* que le brigadier de police, et 4.275 francs *de moins* en fin de carrière.

Un chef de brigade de 1ʳᵉ classe (adjudant de gendarmerie) percevrait 6.548 francs de solde au début de son grade, alors qu'un brigadier chef des gardiens de la paix obtiendrait 10.500 francs, soit 3.952 francs *de plus* que l'adjudant de gendarmerie. En fin de carrière, cet adjudant percevrait 6.874 francs, soit 4.526 francs de moins que le brigadier de police parvenu au taux de 11.400 francs.

Défaveur imméritée.

Des comparaisons identiques pourraient être faites pour les grades de chefs de brigade de gendarmerie des 3ᵉ, 2ᵉ et 1ʳᵉ classes, mais celles que nous venons de mettre sous vos yeux sont suffisantes pour démontrer que, selon les termes du colonel Picot, « les excellents serviteurs que sont les militaires de la gendarmerie et dont le zèle et le dévouement sont reconnus par tous sont l'objet d'une *défaveur imméritée* ».

L'honorable député, cherchant à s'expliquer cette « défaveur imméritée », pose la question suivante :

« Serait-ce parce que les gendarmes NE SONT PAS ÉLECTEURS que, dans le calcul de l'amélioration des traitements et des soldes, ils se trouvent *moins favorisés* que les fonctionnaires QUI DISPOSENT DU BULLETIN DE VOTE ? »

Causes de cette « défaveur imméritée ».

Il se peut que la situation d'infériorité dans laquelle, depuis quelques années, se trouvent les militaires de la gendarmerie vis-à-vis des fonctionnaires civils, alors qu'il y a quelque vingt ou trente ans les gendarmes étaient *au moins* aussi bien traités que les agents civils de police, il se peut, disons-nous, que cette infériorité soit due à ce que les militaires de carrière sont dépourvus du bulletin de vote.

Si telle était la raison, nous n'hésiterions pas à déclarer, ainsi que le faisait M. le colonel Picot, que ce serait *profondément déloyal*.

Il se peut aussi que cette infériorité provienne des propositions *trop timides* faites, par les grands chefs de l'arme, en faveur de leurs subordonnés.

Il se peut enfin, et *c'est ce que veut croire* LE PROGRÈS DE LA GENDARMERIE, que cette défaveur, que cet oubli, soient dus à ce que le Parlement ignorait, jusqu'à l'heure actuelle, la vraie situation de toute la gendarmerie.

Conclusion.

Le *Progrès de la Gendarmerie*, soucieux de l'intérêt, de l'ordre et du bien publics, est également soucieux de la considération de la Gendarmerie et de son bien-être matériel.

Jaloux de justifier son titre, notre modeste organe corporatif a rempli son devoir en éclairant, *par le présent opuscule*, tous les membres du Gouvernement et tous les parlementaires sur les besoins immédiats des soldats d'élite qui constituent nos belles légions, ainsi que sur les besoins des retraités de la Gendarmerie.

Veuille le Gouvernement, veuille le Parlement, tenir le plus grand compte de nos suggestions et donner enfin à la Gendarmerie le rang social dont elle est digne et les avantages matériels qu'elle mérite.

LE PROGRÈS.

Un dernier mot.

Nous avons démontré L'EXTRÊME URGENCE de la satisfaction à donner aux retraités de la Gendarmerie en ce qui concerne leurs majorations spéciales de pensions.

Si leurs droits *indiscutables* à ces majorations n'étaient pas reconnus *très rapidement*, il est certain que les retraités de la Gendarmerie, *bien que devenus électeurs*, ne descendraient pas dans la rue pour y faire des manifestations tumultueuses, pas plus qu'ils ne constitueraient de Soviets. Ils conserveraient *malgré tout* l'attitude digne qu'ils avaient gardée durant toute leur carrière de représentants de la force publique.

Mais il est également certain que, *le cœur ulcéré par le déni de justice* dont ils seraient les victimes, ils ne pourraient s'empêcher de déconseiller, *de la façon la plus formelle*, à leurs fils, à leurs neveux, à leurs cousins, à leurs amis, de faire leur carrière dans une arme où, personnellement, ils n'auraient connu, durant toute leur carrière, que gêne et privations, puis, pendant leur retraite une « défaveur imméritée » et la méconnaissance de droits formellement écrits dans plusieurs lois successives.

Vœu d'un Conseil Général

Le Progrès de la Gendarmerie, pour terminer son opuscule, est très heureux de rapporter qu'au cours de la dernière session des Conseils généraux, M. Jules Rein, conseiller général de Seine-et-Oise, a appelé l'attention de ses collègues sur l'insuffisance des effectifs de la gendarmerie dans ce département et sur le déficit du recrutement des gendarmes, tant dans ce département que *dans le reste de la France.*

Comme suite à l'exposé très clair et très documenté qu'il a fait de cette situation, qui mérite au plus haut point de retenir l'attention des pouvoirs publics, le Conseil général a émis, à l'unanimité, le vœu suivant :

« Le Conseil général,

« Vu la diminution des effectifs de la gendarmerie, causés tant par un déficit de recrutement que par les départs prématurés des militaires de cette arme,

« Considérant *que ce déficit et ces départs sont motivés par une insuffisance des garanties pécuniaires accordées aux gendarmes,* et qu'il importe pour la sécurité publique d'assurer le recrutement de la gendarmerie et la stabilité de ses effectifs en y attirant les éléments nécessaires et en *retenant ceux qui en font partie ;*

« Emet le vœu :

« 1° *Que la solde des militaires de la gendarmerie soit augmentée ;*

« 2° *Qu'il leur soit alloué une indemnité annuelle d'habillement ;*

« 3° *Que les majorations de pension de retraite prévues par la loi du 9 avril 1914 continuent à être accordées comme par le passé jusqu'à la trentième année de service, ou que l'indemnité de fonctions soit incorporée dans la solde de base pour le calcul de cette pension ;*

« 4° *Qu'un contingent supplémentaire de médailles mili-*

*taires soit attribué à la gendarmerie, de façon à permettre
aux gradés et gendarmes de recevoir cette récompense à
partir de vingt ans de services.* »

Le Progrès de la Gendarmerie se fait un devoir
d'adresser, pour le vœu ci-dessus, ses remerciements
et ses félicitations au Conseil général de Seine-et-Oise,
en manifestant le ferme espoir que son exemple sera
suivi par tous les Conseils généraux de France.